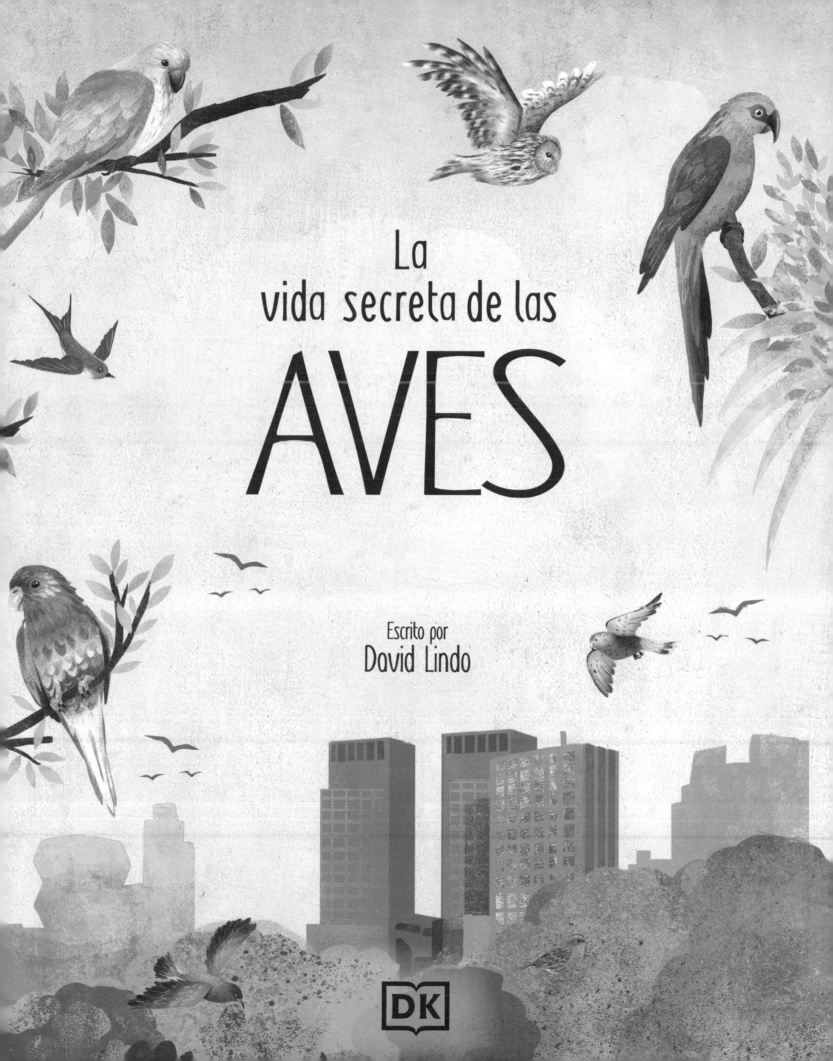

La
vida secreta de las
AVES

Escrito por
David Lindo

DK

DK | Penguin Random House

Autor David Lindo
Ilustraciones Claire McElfatrick
Edición de arte sénior Claire Patane
Edición del proyecto Robin Moul
Diseño Polly Appleton, Eleanor Bates, Robert Perry
Edición Jolyon Goddard, Lizzie Munsey
Asesoramiento temático Sacha Barbato
Control sénior de la producción Francesca Sturiale
Edición de producción Abi Maxwell
Producción Inderjit Bhullar
Diseño de cubierta Claire Patane
Coordinación de cubierta Isobel Walsh
Documentación iconográfica Rituraj Singh
Diseño de maquetación Neeraj Bhatia
Subdirección de arte Mabel Chan
Edición ejecutiva Penny Smith
Dirección editorial Sarah Larter

Edición en español
Coordinación editorial Marina Alcione
Asistencia editorial y producción Malwina Zagawa

Servicios editoriales Tinta Simpàtica
Traducción Ana Riera Aragay

Publicado originalmente en Gran Bretaña en 2022
por Dorling Kindersley Limited
DK, One Embassy Gardens, 8 Viaduct Gardens,
London, SW11 7BW
Parte de Penguin Random House

MIXTO
Papel | Apoyando la
selvicultura responsable
FSC
www.fsc.org
FSC™ C018179

Este libro se ha impreso con papel
certificado por el Forest Stewardship
Council ™ como parte del compromiso
de DK por un futuro sostenible.
Para más información, visita
www.dk.com/our-green-pledge

INTRODUCCIÓN

Si miras por la ventana verás que hay todo un extraordinario mundo lleno de aves.

Si me acompañas, descubrirás por qué las aves son tan fascinantes. Con sus plumas, picos y alas son únicas. La mayoría vuela, pero las que no lo hacen han desarrollado habilidades que las convierten en grandes corredoras o nadadoras. Algunas emiten sonidos increíbles o incluso cantan. Pueden exhibir colores brillantes o ser difíciles de ver. No dejan de sorprendernos.

Me encantan los pájaros desde que era niño. ¡Espero que te gusten también a ti!

David Lindo

CONTENIDOS

¿QUÉ ES UN AVE?

Las aves son animales con una gran variedad de aspectos, tamaños y colores. Cada tipo es fascinante a su manera.

Una de las cosas más sorprendentes acerca de las aves, **aparte del hecho de ser dinosaurios,** es lo distintas que son unas de otras. Todas tienen plumas y alas, pero algunas no pueden volar. Se alimentan de cosas muy distintas y la forma de su pico varía para adaptarse a su dieta. Sus nidos, huevos y polluelos también pueden ser muy diferentes entre sí. ¡Las aves son muy diversas!

La hembra del reyezuelo listado tiene una franja amarilla en la cabeza, pero el macho la tiene de color naranja intenso.

Se parecen a los dinosaurios y se comportan como ellos.

Jixiangornis (hace 124 millones de años)

Microraptor (hace 125 millones de años)

Parientes lejanos

Las aves forman parte de una familia de dinosaurios llamados **terópodos.** Los terópodos solían ser pequeños y veloces. Tenían el cerebro grande, los sentidos desarrollados y el esqueleto liviano. Todos tenían plumas, y muchos, alas.

Confuciusornis (hace 125 millones de años)

Jeholornis (hace 120 millones de años)

La primera ave

Cuando en 1851 se encontró la primera ave fosilizada, los científicos se sorprendieron. Este fósil, el ***Archaeopteryx,*** tenía plumas como un pájaro, pero también dientes y garras de dinosaurio. Entonces empezaron a ver que eran parientes.

Tyrannosaurus rex (hace 68 millones de años)

Beishanlong grandis (hace 120 millones de años)

Archaeopteryx (hace 150 millones de años)

Paloma silvestre
Incluso las palomas
son parientes de
los dinosaurios.

Dinosaurios actuales

Los científicos piensan que los dinosaurios se extinguieron a causa de un meteorito que chocó con la Tierra. Pero algunos terópodos sobrevivieron. A lo largo de millones de años fueron evolucionando, hasta haber más de 10 000 especies de dinosaurios: nuestros pájaros.

Dinosaurios vivientes

Las aves son dinosaurios igual que nosotros somos mamíferos, es decir, descienden de los dinosaurios. Con el tiempo fueron evolucionando para transformarse poco a poco en las aves que vemos hoy a nuestro alrededor.

Volar

Aunque otros animales, como los murciélagos o los insectos, también vuelan, **las aves son las reinas del cielo**. Algunas recorren distancias cortas, mientras que otras permanecen en el cielo durante meses, incluso años.

Pinzón vulgar

Para poder volar tienen que ser ligeras, así que sus huesos deben ser **fuertes pero huecos**.

Las plumas son livianas y mantienen su forma gracias a las barbas.

CUERPO PERFECTO

Las aves son máquinas voladoras perfectas. Su cuerpo está pensado para que puedan volar.

La cola es un timón que les ayuda a **cambiar de dirección o a reducir la velocidad**.

Las aves tienen un cuerpo aerodinámico que les permite deslizarse por el aire cuando vuelan.

Eider común

El cuerpo de los vencejos es **muy aerodinámico**.

Alcatraz australiano

Obispo colilargo

Uno de los patos más pesados, puede volar hasta a **110 km/h**.

Vencejo palmero africano

El alcatraz se zambulle en el mar a una velocidad de **95 km/h**.

Algunas aves **pueden volar** pese a las largas plumas de su cola.

Este colibrí bate las alas hasta **70 veces por segundo**.

Colibrí cola de espátula

CÓMO VUELAN

Las aves vuelan porque tienen alas.
Desafían la fuerza de la gravedad batiendo las alas.

Este cernícalo planea con las **alas y la cola extendidas** en busca de posibles presas.

Gracias a sus largas alas, la pardela puede **planear sobre las olas** cuando pesca.

Cernícalo vulgar

Charrán común

Pardela sombría

PROPÓSITO DEL VUELO

¡Los pájaros no vuelan por placer!
Vuelan para **escapar de sus enemigos, perseguir a sus presas y migrar**.

Sus largas alas y su cola bifurcada hacen que en el aire parezca **elegante y vigoroso**.

Cóndor de California

Ibis hadada

Aunque es un gran volador, también usa sus alas para **nadar bajo el agua**.

Alca unicórnea

El imponente cóndor usa sus grandes alas para **planear aleteando**.

Pingüino juanito

Este ibis **aletea mucho** con sus alas superanchas.

Mirlo acuático europeo

Las alcas **baten frenéticamente** sus cortas alas para volar.

Los pingüinos son aves no voladoras, pero con sus aletas «vuelan» bajo el agua.

ESTILOS DE VUELO

Los pájaros pueden volar de muchas formas. Pueden **planear, aletear y deslizarse** a distintas velocidades.

Más de cien parejas de tejedores y sus crías pueden compartir un gran nido. Cada familia tiene su propia cámara.

Tejedor republicano

Nidos increíbles

La mayoría de las especies de aves construyen nidos para **proteger sus huevos y crías**. Hay tantos tipos de nidos como de pájaros: ¡los hacen con todo tipo de materiales y los construyen en los sitios más curiosos!

Buenos arquitectos

Algunos nidos parecen frágiles, pero son **muy fuertes** y pueden resistir grandes tirones. Se tarda bastante en construirlos. Algunos pájaros hacen nidos enormes que comparten muchas parejas y sus crías.

El pergolero macho construye una sofisticada estructura de ramitas que, aunque lo parezca, no es un nido. La decora con **objetos brillantes** para atraer a las hembras y poder aparearse con ellas.

Pergolero

La oropéndola construye **nidos colgantes**. De un mismo árbol pueden colgar muchos nidos.

Oropéndola de Montezuma

Tejedor común

El tejedor común usa unas **300 briznas de hierba y tiras de hojas** para construir su nido.

¡Este pájaro construye su nido con varias capas de **saliva pegajosa**!

Salangana nidoblanco

Charrán blanco

Esta ave marina **no construye ningún nido.** ¡Pone los huevos sobre la rama desnuda!

Cigüeña blanca

El lugar perfecto

Los pájaros pequeños suelen esconder sus nidos en arbustos y árboles. Los más grandes suelen construir grandes nidos a la vista. Pueden usar el mismo nido durante **muchos años**.

El halcón peregrino ha **aprendido a anidar en los edificios**, en lugar de en los acantilados.

Halcón peregrino

¡Las cigüeñas construyen unos enormes nidos que pueden llegar a **pesar lo mismo que un caballo**!

Petirrojo europeo

A los petirrojos les gusta anidar en **lugares muy escondidos**, donde sus crías estén a salvo.

Pardela pichoneta

Esta ave marina **anida en profundas madrigueras**, que solo visita por la noche.

Huevos y polluelos

Todas las aves ponen huevos. El número varía en función de la especie. Las aves **incuban los huevos**. Es decir, se sientan sobre ellos para mantenerlos calientes hasta que los polluelos están listos para eclosionar.

Cáscara dura

Aunque parecen frágiles, los huevos son **muy fuertes**, ya que deben proteger al polluelo que crece en su interior. ¡Pero si se caen, se rompen!

Los pájaros que **anidan en agujeros o madrigueras**, como el cárabo común o el kiwi, suelen poner huevos blancos.

Los huevos moteados **se camuflan muy bien** en el suelo que rodea el nido.

Estos son los huevos **más grandes y más pequeños**, junto al de la gallina, para que los compares.

Águila real

Avestruz común

Cárabo común

Gallina

Pájaro mosca

Lagópodo escocés

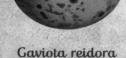
Gaviota reidora

Codorniz común

Colimbo grande

Gavilán común

Alca gigante (extinta)

Terrera sahariana

Las plumas del polluelo de terrera sahariana son **muy finas** y le ayudan a estar fresco.

Perdiz roja

Los polluelos de perdiz **ya tienen plumas** y pueden corretear.

Tipos de polluelos

Algunos nacen **cubiertos de plumón** y pueden corretear y alimentarse solos. Otros salen desnudos y dependen de sus padres durante varias semanas.

Chorlito alejandrino

Los polluelos de chorlito nacen cubiertos de plumón suave, y con unas **patas largas y fuertes**.

Águila calva

Hoacín

Los polluelos de hoacín tienen una **garra en cada ala** para trepar por las ramas.

Los aguiluchos son **débiles y ciegos**. ¡Sorprende que luego sean unas aves tan imponentes!

Caracolero común

El caracolero **extrae los caracoles de su caparazón** con su pico de gancho.

¿Qué comemos?

La mayoría de las aves son omnívoras, es decir, comen tanto animales como plantas.
La comida les da el combustible necesario para vivir y, sobre todo, para volar, correr o nadar. Consiguen el alimento de distintas formas.

El pájaro carpintero martillea los troncos de los árboles con el pico en busca de **larvas.**

Pico picapinos

El halcón emplea su aguda vista para **localizar presas,** que captura con sus afiladas garras.

Busardo hombrorrojo

Serreta grande

La serreta tiene un relieve en el borde del pico que le ayuda a **sujetar los resbaladizos peces.**

En busca de comida
Las aves usan la vista para localizar alimento. Algunas encuentran fácilmente fruta o insectos a su alrededor. Otras deben buscar bastante más.

Picogordo común

COMEN SEMILLAS

Las que se alimentan de semillas, como el pinzón, tienen el pico cónico, para partir las más duras.

Papamoscas mugimaki

COMEN INSECTOS

Las que solo comen insectos, como el papamoscas, tienen el pico muy estilizado.

Colibrí picoespada

COMEN NÉCTAR

Los colibrís introducen su largo pico en las flores para beberse su dulce néctar.

Garceta común

COMEN PECES

Las aves que se alimentan de peces, como las garcetas, suelen tener el pico largo en forma de daga, para ensartar o atrapar peces.

La forma del pico de las aves depende de lo que comen. Pesa poco y es muy importante para que puedan conseguir el tipo de alimento más adecuado.

Gavilán común

DEPREDAN

Los halcones y otras aves cazadoras tienen un fuerte pico de gancho para desgarrar la carne de sus presas.

Zarapito real

EXPLORAN

Los exploradores, como el zarapito, exploran con el pico las costas lodosas en busca de invertebrados.

Loro gris africano

COMEN FRUTA

Los loros tienen el pico grueso, afilado y en forma de gancho, perfecto para arrancar frutos.

Picozapato

OTROS TIPOS

Algunas aves tienen un pico especializado. Por ejemplo, el picozapato lo usa para cazar grandes peces de río.

Aves asombrosas

Cada una de las 10 500 especies de aves del mundo tiene sus propias características y habilidades para sobrevivir. Aquí puedes ver algunas de las más asombrosas y excepcionales.

La **más grande**

Avestruz común

Un huevo de avestruz pesa tanto como **24 huevos de gallina**.

La **más pequeña**

Pájaro mosca

La **más fuerte**

Nadie sabe por qué lleva piedras al nido.

Collalba negra

La más grande

Los avestruces son las aves más altas y pesadas. Son originarios de África. Los machos pueden alcanzar los 2,8 m de altura, más que el hombre más alto.

La más pequeña

El pájaro mosca es el ave más pequeña del mundo. ¡Más incluso que algunos insectos! El macho mide unos 5,5 cm de largo y la hembra es ligeramente más grande.

La más fuerte

Aunque es pequeña, la collalba negra ganaría el oro en levantamiento de pesas en una competición entre aves. Los machos llevan piedras a su nido que pesan hasta dos terceras partes de su propio peso.

La de **mayor** envergadura

Albatros
viajero

¡Estas enormes aves
marinas recorren hasta
120 000 km al año!

El juanito es el
**tercer pingüino
más grande.**

La que nada más rápido

Pingüino
juanito

La que vuela más rápido

Halcón
peregrino

La de mayor envergadura

Una de las aves de alas más largas es el albatros viajero. Extendidas, pueden medir 3.5 m de punta a punta, como un coche pequeño. Los pelícanos comunes también rondan ese tamaño.

La que nada más rápido

El pingüino juanito no vuela, pero es un gran nadador. Su velocidad máxima en el agua es de 36 km/h. ¡Más o menos el récord de velocidad del gran velocista Usain Bolt!

La que vuela más rápido

El halcón peregrino es el ave más rápida. Al caer en picado sobre una presa, alcanza velocidades de hasta 390 km/h. ¡Más que un Lamborghini.

Los guacamayos viven en los bosques de **Sudamérica y Centroamérica**.

FAMILIAS

Todas las especies de aves se pueden agrupar en distintas familias en función de sus características propias.

Algunas aves de la misma familia están estrechamente relacionadas, como las numerosas especies de coloridos loros. Otras, en cambio, pueden tener un aspecto muy distinto y vivir en hábitats diversos, aunque pertenezcan a la misma familia. Cada familia comparte una serie de características comunes, pero hay **multitud de variedades y muchas sorpresas** en cada grupo.

Aves que no vuelan

La mayoría de las aves vuelan, pero hay más de 60 especies que han perdido esta capacidad. Son **especies que evolucionaron en entornos en los que no necesitaban volar**. Muchas vivían en islas en las que no había depredadores.

Pingüino emperador

Cormorán de las Galápagos

Esta ave isleña **usa sus alas atrofiadas para mantener el equilibrio** al saltar por las rocas.

Los pingüinos no necesitan volar porque son aves acuáticas. El pingüino emperador se sumerge a una profundidad mayor que cualquier otra ave.

EVOLUCIÓN

Estas especies evolucionaron o fueron cambiando gradualmente durante millones de años. Solía ocurrir cuando algún pájaro volador quedaba aislado en una isla. Sin depredadores y con mucha comida ya no necesitaban volar.

Las aves que vuelan a veces también se desplazan andando o nadando.

Este pato usa los pies y sus pequeñas alas para **remar deprisa** y escapar del peligro.

Pato vapor malvinero

Al correr, el emú bate sus pequeñas alas para **mantener el equilibrio**.

Emú

Avestruz común

Esta gran ave tiene unas **fuertes patas** que hacen que sea una buena corredora, más rápida que cualquier persona.

Pingüino macaroni

Un cuerpo distinto

Las aves no voladoras suelen tener el cuerpo grande y pesado, ya que no necesitan ser **aerodinámicas** ni tener los huesos huecos. Muchas han desarrollado fuertes patas para poder correr.

Algunos pingüinos, como el macaroni, aún tienen un **cuerpo aerodinámico y usan las alas**, pero no para volar sino para nadar.

Este pesado pájaro, una de las especies de kiwi más grandes, tiene las **alas diminutas**.

Kiwi moteado mayor

Esta ave en peligro de extinción **solo vive en un lago** de Sudamérica.

Las crías de tagua gigante vuelan, pero al crecer pierden esta capacidad.

Tagua gigante

Zambullidor de Junín

La parte negativa

Estas aves se adaptan perfectamente a un lugar concreto. Pero pueden **verse amenazadas si algo cambia** en su hábitat (por ejemplo, si aparecen humanos).

Dodo

Este enorme pájaro, pariente de la paloma, fue **exterminado rápidamente** por los cazadores que llegaron a su isla natal.

Alca gigante

Esta ave ártica marina tenía pocos depredadores, así que no tenía motivo para **temer a los humanos**. Estos empezaron a cazarla y se extinguió en muy poco tiempo.

Rascón de la isla Wake

El rascón de la isla Wake desapareció **por culpa de los soldados** que recalaron en la isla durante la Segunda Guerra Mundial y se dedicaron a cazarlo.

Aves galliformes

Esta familia está formada por **aves de alas cortas a las que les gusta ir por el suelo**. Por desgracia para estas hermosas criaturas, como su propio nombre indica, se suelen cazar para comer o por deporte.

Lagópodo común

El lagópodo común se **vuelve blanco en invierno** para confundirse con la nieve.

Urogallo caucasiano

Los machos del urogallo caucasiano se **reúnen** para exhibirse ante las hembras.

Gallina de Guinea

Urogallo de Canadá

Si se le acerca una persona, la codorniz se **queda inmóvil, en vez de salir volando**.

Distancias cortas

Las aves de caza no suelen volar mucho. Pasan la mayor parte del tiempo en el suelo y **duermen** en los árboles.

Las gallinas de Guinea pueden volar, pero suelen **desplazarse andando**.

Codorniz de Montezuma

Aves domésticas

Las gallinas fueron las primeras aves domesticadas por el ser humano, hace unos **8000 años**. Son una buena fuente de alimento.

Algunas codornices se crían por su carne y sus huevos. Otras, como la codorniz de California, son salvajes.

Pavo

El pavo se domesticó hace **más de 2000 años**.

Codorniz de California

Los pavos son las aves de caza **más pesadas.**

Pavo salvaje

Estar a salvo

Al no ser buenas voladoras, tienen otras formas de **protegerse de depredadores.** Cuestan de ver porque su plumaje les ayuda a camuflarse, y suelen vivir en grupo.

El macho de este tipo de faisán se distingue por su **fabulosa cola.**

Pavo real común

Faisán venerado

Este tragopán se alimenta básicamente de **flores, hojas y hierba.**

Faisán de Swinhoe

Tragopán de Temminck

Pavo del Congo

Este faisán es el **ave más cazada en el mundo.**

Las aves de caza y el hombre

Algunas especies de aves de caza se han introducido en grandes cantidades para poder cazarlas. Otras están en grave peligro de extinción.

Faisán común

Esta ave es **muy rara**, pues vive en la selva.

Gallo joven

Como los machos de otras aves de caza, los gallos jóvenes tienen una carne roja en la cara llamada «zarzo».

Gallinas

Con el tiempo, las gallinas domésticas se han criado para que **pongan más huevos** que las aves silvestres.

23

Guacamayo
de Spix

Catita
chirirí

Un mundo de loros

Si piensas en un loro silvestre, te
vendrá a la mente un loro graznando
en la selva. Pero también
viven en los desiertos, en las
montañas y **en las ciudades.**

Amazona de
pico amarillo

Guacamayo
rojo

Los guacamayos
**se emparejan
de por vida.** Son
muy populares
como mascotas.

Loros

Hay más de 350 especies
de loros. Suelen ser de **vívidos
colores. ¡Y muy ruidosos!** Algunos
viven en una zona limitada, mientras
que otros se han extendido a
todo el mundo.

Lori
arcoíris

El perico de Tasmania
se alimenta tanto en el
dosel forestal como
en el **sotobosque.**

El kea vive en las
montañas y **su
dieta incluye
carne.**

Cotorra
argentina

Cotorra
austral

Perico de
Tasmania

Kea

Este pájaro
sudamericano
es la especie
que vive
más al sur.

Grandes habilidades

Los loros tienen capacidades increíbles, como su destreza manual, su longevidad y su inteligencia. **¡Aprenden tareas complejas e incluso imitan lo que decimos!**

Cacatúa abanderada

Los inseparables son muy cariñosos y **enferman si se los separa** de su pareja.

Inseparable de Fischer

Lorito vulturino

Loros insólitos

Algunos tienen rasgos curiosos. El kakapo y el perico nocturno están activos **de noche.** ¡Y el lorito vulturino es **calvo!**

Perico nocturno

El plumaje verde y azul le **ayuda a camuflarse entre las hojas.**

Cotorrita de anteojos

Cacatúa colirroja

Cotorra dorada.

Perico cariazul

Kakapo

Este loro enorme **no vuela** y solo está activo de noche.

Águila filipina

Como su nombre indica, esta águila se alimenta de serpientes.

Águila culebrera

Esta feroz rapaz se alimenta de pequeños animales de bosque.

Azor común

Técnicas de caza

Tienen **distintos estilos de caza**. Unos persiguen a su presa o se abalanzan sobre ella y otros buscan animales ya muertos.

Buitre orejudo

Esta rapaz gigante, conocida también como **águila monera**, es el águila más grande después del águila arpia.

Hábitats

Las aves de presa viven en muchos hábitats, desde las **regiones árticas hasta las selvas tropicales**. ¡También las hay en nuestras ciudades!

Secretario

Esta ave rapaz de largas patas caza reptiles ¡pisoteándolos!

Aves rapaces

También conocidas como «aves de presa», incluyen muchas especies. Buena parte son depredadoras y otras carroñeras, pero su dieta puede variar. Las hembras suelen ser más grandes que los machos y pueden cazar presas de mayor tamaño.

Busardo
ratonero

Este pájaro **migra
grandes distancias**
desde Europa del
este y China para
pasar el invierno
en África y el sur
de Asia.

Lechuzón
de anteojos

Águila
volatinera

Mochuelo
común

Este búho, **cazador
oportunista**, ataca
a cualquier pájaro
o pequeño mamífero
que encuentre.

Cárabo uralense

Autillo chillón
Este búho se
encuentra en
zonas boscosas
y también se
puede ver en
la ciudad.

Cernícalo
primilla

Los cernícalos primilla
vuelan en grupo en
busca de insectos
grandes.

Las rapaces y el hombre
Lamentablemente, a menudo se mata a
las aves de presa porque se consideran
una amenaza para los animales
domésticos y el ganado.

Aves acuáticas

Los pájaros de esta familia viven en el agua o cerca de ella. Algunos tienen los pies palmeados y nadan, y otros se desplazan por el agua sobre sus largas patas zancudas.

Ganso de Canadá

Garza de cuello blanco

Garceta costera occidental

Cisne mudo

Esta garza está siempre **buscando** humedales en la árida Australia.

Hábitats

Las aves acuáticas anidan y se alimentan en distintos hábitats, desde **el litoral y los humedales hasta los ríos y los lagos.** Son distintas las de los hábitats de agua salada y las de agua dulce.

Ánade real

Gansito africano

Ibis escarlata

El hermoso color del plumaje de esta ave se debe a las **gambas rojas y los crustáceos** que come.

Cuchara común

Jacana común

Zampullín cuellirrojo

¡El zampullín se come sus propias plumas! Se cree que ayudan a su estómago a descomponer las espinas de los peces.

Pato silbador ala blanca

A diferencia de otros patos, esta especie forma **parejas que permanecen juntas** muchos años.

Chochas

Lejos del agua

Hay aves que parecen de la familia de las acuáticas, pero que no viven en hábitats acuáticos, sino en bosques o pastizales.

Aguja colipinta

Diversidad

Las **aves acuáticas varían mucho en tamaño**, las hay diminutas como las aves limícolas y grandes como los cisnes. Su pico puede ser corto, largo o curvado, según lo que coman.

Flamenco enano

Los flamencos succionan el agua con el pico y **filtran las pequeñas gambas**.

Las agujas buscan invertebrados **con su largo pico** en el lodo húmedo.

Aves marinas

Las aves de esta familia pasan su vida en el mar. Solo van a tierra firme para criar a sus polluelos. Algunas pasan tiempo dentro del agua o sobre ella y otras nadan por la superficie en busca de comida. Por desgracia, muchas están en riesgo de extinción a causa de la actividad humana.

Frailecillo atlántico

El pico brillante del frailecillo se vuelve **grisáceo y más pequeño** en invierno.

Vida en el mar

Las aves marinas tienen todo tipo de habilidades para sobrevivir en el mar. Se les da muy bien **volar, planear y pescar.** Algunas se sumergen a gran profundidad para buscar peces.

El albatros viajero puede **vivir más de 50 años**.

Amenazas

La sobrepesca hace que a algunas aves marinas **les cueste encontrar comida.** Con la contaminación, algunas se tragan trozos de plástico y los vertidos las envenenan y dañan sus plumas.

Estas pequeñas aves tienen una bolsa gular en la que **guardan los crustáceos** que pescan.

Albatros viajero

Yunco magallánico

El mérgulo atlántico necesita comer unos **60 000 pequeños crustáceos** al día.

Mérgulo atlántico

Alcatraz común

Los alcatraces **cierran los orificios nasales** al bucear para que no les entre agua salada.

¡Algunas excretan la sal marina por las fosas nasales!

La gaviota piquicorta construye su **nido con barro, hierba y algas** en los salientes de los acantilados.

Gaviota piquicorta

Cuantas más, mejor

Cuando salen a tierra firme **están muy expuestas** y se mueven con torpeza, pues están más adaptadas al agua o al aire. Las crías, además, se enfrentan al peligro de los depredadores. Por eso algunas especies de aves marinas anidan en grandes colonias para protegerse entre sí.

Este llamativo pájaro **vive en los bosques** y se alimenta de saltamontes y escarabajos.

Eurilaimo bandeado

Dos grupos

Las aves paseriformes se dividen en dos grupos: uno lo forman las **aves cantoras** y el resto **no son muy buenas cantoras** y viven principalmente en las selvas del hemisferio sur.

El camachuelo común tiene un **saco alimentario** en la boca, para llevar comida a sus crías.

Camachuelo común

Aves paseriformes

Las aves **paseriformes** incluyen más de la mitad de las especies de aves. Mayoritariamente son pájaros pequeños que están la mayor parte del tiempo posados sobre árboles y arbustos.

Este pájaro, de la familia de los túrdidos, vive en zonas de **montaña**.

Gorrión de garganta blanca

Su canto suena como si repitiera la palabra **«Canadá»**.

Este llamativo pájaro a veces construye su nido sobre los **postes de teléfono**.

Mirlo capiblanco

Tijereta rosada

¿Qué es un ave paseriforme?

Las aves de este grupo tienen **cuatro fuertes dedos**, perfectos para posarse o agarrarse a las ramas. Muchas son también grandes cantoras.

Ratona australiana azul

Los machos de esta especie recogen **pétalos amarillos** para impresionar a las hembras.

El sinsote norteño **imita el canto** de otros pájaros. ¡Incluso el del halcón!

Sinsote norteño

Cuando no se reproducen, pueden reunirse en bandadas de hasta **2000 aves**.

Diamante de Gould

Más de la mitad de las especies de pájaros son paseriformes y suelen ser las que conocemos más.

Oropéndola europea

Pasa la mayor parte del tiempo en la **copa de los árboles** y no suele salir a campo abierto.

Por todas partes

La mayoría de los pájaros que ves en los jardines y parques son paseriformes. **Están por todas partes.** ¿Has visto alguno hoy?

Cuervo común

Los cuervos son las aves **paseriformes más grandes**.

Este pájaro de la familia de los túrdidos **anuncia la primavera** en muchas zonas de Estados Unidos.

Mirlo americano

Mosquitero silbador

Esta especie europea **migra a África** en invierno.

Aves paseriformes insólitas

No todas las aves paseriformes son iguales. Algunas son grandes, como los cuervos, y otras **¡no se posan nunca en los árboles!** También están las exóticas aves lira y los diamantes de Gould, con los colores del arcoíris.

Pitohuí bicolor

Ave lira soberbia

Esta ave, **una gran imitadora,** ¡sabe reproducir el sonido de una motosierra!

¡Atención, depredadores! Las plumas y la piel son **venenosas**.

CÓMO SE COMPORTAN

Como nosotros, las aves se comportan de un modo u otro según si quieren mostrar su estado de ánimo, atraer a una posible pareja o defenderse.

Sabemos que las aves cantan, migran y se exhiben. Pero ¿por qué lo hacen? **Cada especie actúa de forma distinta, incluso puede ser muy diferente a la de sus parientes más cercanos.** Por eso es fascinante observar cómo se comportan y tratar de averiguar qué sentido tiene lo que hacen.

Cuando se juntan varias bandadas de estorninos se forma una **murmuración.**

Pájaro
paraguas
amazónico

Alondra
común

Abanico
rojizo

El abanico rojizo **canta tras ponerse el sol** para atraer a las hembras.

El canto de la alondra **puede durar varios minutos.**

Los cantos del cardenal norteño **varían de una región a otra.**

¿Cómo cantan?

Las aves cantoras tienen una voz potente y, como pueden **respirar por un solo pulmón**, no paran de cantar para tomar aire.

Camachuelo
común

Cardenal
norteño

Mosquitero
silbador

El macho del camachuelo común es muy llamativo, pero **su canto es débil y discreto.**

Buscarla
fluvial

Serenata aviar

Los cantos permiten a las aves **reconocer a los miembros de su propia especie**. Las hembras se sienten atraídas por los machos que cantan bien y fuerte, ya que ello es signo de buena salud.

Cantar

Las aves cantoras destacan por sus **fascinantes trinos**. La mayoría de ellas son pájaros pequeños que emplean el canto para marcar su territorio, atraer a las hembras o advertir a otros para que estén alerta.

Grévol
común

¡Estos pájaros son
hoy tan escasos que
los machos **jóvenes
no encuentran
adultos** que les
enseñen a cantar!

Mielero regente

Ampelis
americano

Aprender a cantar
**Muchas aves nacen sabiendo
cantar**, pero otras deben aprender
escuchando a los adultos.

Este reservado
pájaro **canta con
a cola levantada**.

Petirrojo
siberiano

El petirrojo es una de
las pocas especies en
las que las **hembras
también cantan**.

Petirrojo
europeo

Jilguero
norteamericano

Pico picapinos

Cantos únicos
Cada ave cantora tiene su propio
canto. Algunas cantan con tanta
potencia que se oyen a muchos
kilómetros. Otras tienen **trinos
más débiles y mecánicos**.

El mayor despliegue

El macho del ave del paraíso esmeralda grande hace el **mayor despliegue entre las aves.** Se queda inmóvil con la cabeza abajo y levanta las elegantes plumas de su cola.

Ave del paraíso esmeralda grande

Exhibirse

Las aves se exhiben para atraer a sus parejas o ahuyentar a sus rivales. Este comportamiento tan llamativo consiste en mostrar sus mejores galas. **Ahuecan las plumas y muestran su mejor aspecto.**

Los machos son muy **llamativos incluso** cuando no se exhiben.

Al exhibirse, los machos se agolpan en grupos ruidosos y esperan a que las hembras aparezcan.

Exhibiciones singulares

Muchos machos disponen de **plumas especiales solo para exhibirse** y atraer a las hembras.

Avutarda común

Los machos de la avutarda común se reúnen en grupos en las llanuras, **ahuecando las plumas**. Parecen enormes en comparación con el tamaño de las hembras.

Combatiente

Los machos del combatiente muestran su **increíble collar de plumas** cuando se exhiben. Cada macho tiene un estampado único.

Pavo real

El macho del pavo real tiene unos **150 ocelos** en las llamativas plumas de su cola.

39

Camuflarse

Si el plumaje de un ave se mimetiza con el entorno, es menos probable que un depredador hambriento lo encuentre. **Las hembras son las reinas del camuflaje**, o mimetismo, para poder proteger a sus huevos y sus polluelos.

PAISAJE NEVADO

En las regiones polares y montañosas, y en la tundra, abundan los paisajes nevados. Los pájaros que viven allí tienen **el plumaje blanco para mimetizarse con la nieve**.

Las plumas blancas del búho nival están **moteadas de marrón** para que se confundan con las rocas nevadas.

Esta alondra vive en las zonas más septentrionales de África y Oriente Medio.

Alondra sahariana

DESIERTOS ÁRIDOS

Las aves desérticas no están demasiado activas durante el día. **Su plumaje es del color de la arena y las rocas.**

Búho nival

RICOS HUMEDALES

Este importante hábitat rebosa de vida y evita que el terreno circundante se inunde. Las aves de humedal suelen ser **marrones para mimetizarse con los juncos y las hierbas secas.**

El avetoro tiene un **estampado rayado que lo confunde con los juncos.**

Avetoro americano

Los jacamares **esperan a que algún insecto** pase cerca y se lanzan sobre él.

Jacamará coliverde

BOSQUES Y SELVAS

Las aves no tienen que ser verdes para camuflarse en un bosque. Solo con que se queden quietas, **ya cuesta verlas entre las plantas.**

Viajes increíbles

Que puedan volar ya es asombroso, pero algunas aves además **hacen viajes o migraciones increíbles** que las pueden llevar a recorrer medio mundo. Esto es aún más asombroso si se tiene en cuenta lo poco que pesan y que algunas de las especies apenas comen mientras viajan. ¡Eso sí que es tener aguante!

Cuco común

Los cucos macho pasan **solo unas semanas** en las zonas de cría de Europa antes de regresar a África.

Ruiseñor azul

Este tímido ruiseñor **visita los jardines** que encuentra a lo largo de su ruta.

Europa

Asia

Aguja colipinta

¡Esta ave limícola puede volar **nueve días** sin detenerse!

África

N
NO   NE
O   E
SO   SE
S

Australasia

Navegación
Los pájaros nacen sabiendo dónde y cuándo tienen que viajar. Se orientan con la posición del Sol, la Luna y las estrellas, y con algunos puntos de referencia, como ríos y montañas.

Muchos pájaros pequeños **viajan de noche para** evitar a los depredadores. Además, suele hacer más fresco y hay menos viento.

¿Por qué migran?

Las aves migran para evitar **el mal tiempo y la escasez de alimentos** del invierno. Poblaciones enteras se desplazan a zonas más cálidas en las que la comida abunda.

Norteamérica

Pardela cabeza negra

La ruta migratoria de esta ave marina describe un **enorme bucle** en el Atlántico.

Listas para viajar

Las aves cambian físicamente para la migración. Su corazón y sus músculos de vuelo se hacen más grandes y fuertes. También aumentan de peso, para poder usar la grasa como combustible para volar.

La reinita de manglar migra a través del **Golfo de México** hasta Sudamérica.

Sudamérica

RUTAS

Cuco común

Ruiseñor azul

Aguja colipinta

Reinita de manglar

Pardela cabeza negra

Reinita de manglar

El cárabo usa sus **afiladas garras** para atacar a quien se acerque demasiado a su nido.

Cárabo común

La gaviota argéntea defiende su nido **bombardeando con heces** a los intrusos.

Gaviota argéntea

¿Por qué defienden su territorio?

Las aves defienden su territorio para evitar que otras se alimenten allí. Necesitan **la comida para ellas y sus polluelos**. También expulsan a los depredadores que entran en su territorio, normalmente para proteger sus huevos y sus crías.

¡Un casuario puede **matar a una persona** de una patada! Sus grandes pies tienen garras afiladas.

Carpintero de pechera

Casuario de Salavati

Estrategias defensivas

La mayoría de las aves tratan de ahuyentar a los enemigos cuando se sienten amenazadas. **Tienen distintas formas de defenderse.** Algunas son agresivas y se abalanzan sobre los intrusos o los golpean con el pico y las garras. Otras son sigilosas y fingen estar heridas para alejarlos de sus polluelos.

Peleas

En los comederos, **las aves suelen enfrentarse.** Normalmente se imponen las más grandes, pero una vez saciadas se marchan y dejan espacio a las más pequeñas.

¡Las charas azules **imitan el canto de los halcones** para despejar de rivales el comedero!

Chara azul

Zorzal charlo

¡El zorzal suele defender los arbustos **llenos de bayas** ante otras aves!

Estrategia eficaz

Cada especie tiene sus propias estrategias para **defenderse y proteger a sus polluelos** de los depredadores hambrientos.

Chara papán

Pequeñas bandadas de charas papán **colaboran** a fin de ahuyentar a los depredadores.

Bisbita común

El bisbita común revolotea excitado justo sobre tu cabeza para **alejarte** de su nido.

Búho chico

Ante un posible peligro, las crías de búho **ahuecan sus plumas para** intentar parecer amenazadoras.

45

Al caer la noche

Las especies que están activas de noche se conocen como aves nocturnas. La más conocida es el búho, pero hay otras, como el chotacabras, que también caza de noche. Las horas nocturnas son un buen momento para que las aves pequeñas migren… ¡siempre que no se tropiecen con ningún búho!

El ruiseñor común macho **canta de noche** para atraer a las hembras que pasan cerca.

Ruiseñor común

Egotelo australiano

Durante el día

Las aves nocturnas se ocultan en los árboles cuando es de día. Duermen a salvo de los depredadores porque su plumaje las camufla.

Este pájaro diminuto **se lanza desde su rama** para cazar insectos.

Migración nocturna

Muchas especies migran por la noche. Al volar en un cielo más fresco y en calma gastan menos energía. En noches despejadas, **se guían por las estrellas**.

Zorzal alirrojo

El zorzal real no es nocturno, pero migra por la noche en primavera y otoño.

El zorzal alirrojo **no suele regresar a la misma zona** todos los inviernos, algo poco usual en las aves migratorias.

Zorzal real

Autillo frentiblanco

Se sabe muy poco de este búho cada vez más escaso, cuyo **hábitat forestal** está desapareciendo.

Chotacabras argos

Los chotacabras se pasan el día **en el suelo**, mimetizados con el entorno.

Adaptaciones nocturnas

La mayoría de las aves que están activas de noche tienen una excelente visión nocturna y grandes ojos para captar mejor la luz. Vuelan sin hacer ruido y tienen un oído muy desarrollado que les ayuda a localizar las presas.

47

Espectáculos impresionantes

Las aves son unas criaturas fascinantes que a veces se reúnen en enormes bandadas para alimentarse, descansar o migrar. Estas reuniones constituyen un espectáculo increíble que vale la pena observar y disfrutar.

Las reuniones de flamencos se conocen como «extravagancias».

BANDADAS DE FLAMENCOS

Los flamencos comunes se pasan la vida entera en humedales de agua salada. ¡Ver grandes bandadas de estas elegantes aves es una **experiencia inolvidable**!

Las bandadas más grandes

La paloma migratoria fue **el ave más abundante que ha existido**. Esta especie migraba por el este de América del Norte en bandadas tan grandes que tardaban varios días en pasar sobre un lugar. Pese a su gran población, acabo extinguiendose a principios del siglo XX como consecuencia de la caza excesiva.

49

SUS HÁBITATS

Las aves establecen su hogar en muchos hábitats distintos, lugares en los que encuentran comida suficiente para sobrevivir y criar a sus polluelos.

Los pájaros se han adaptado a vivir en casi todos los rincones del planeta. ¡Entre sus hábitats están los bosques, las costas, los desiertos, las ciudades e incluso el subsuelo! Algunas especies están muy especializadas y solo pueden vivir en un hábitat concreto. Otras, en cambio, se han adaptado para vivir en distintos lugares.

Los ostreros encuentran **abundante alimento enterrado en el suelo** blando de las playas de arena y los humedales de la costa.

Los bosques húmedos de montaña son el hogar de este insectívoro.

Trepatroncos de pico largo

Choquita de lomo rufo

El gavilán pollero es pequeño, pero caza monos de tamaño reducido.

Gavilán pollero

Los trepatroncos a veces buscan comida en los árboles **en parejas**.

Para **hacer salir los insectos** de debajo de la corteza, este trepador azul bate las alas con fuerza.

Bosque tropical

Los bosques de las calurosas regiones tropicales **son los más extensos de la Tierra**. ¡No es extraño que muchas de las aves vivan en ellos!

Trepador piquirrojo

Las discretas pitas viven en los bosques tropicales y no suelen dejarse ver.

Carpintero de cresta rubia

En el bosque tropical en el que vive, hay muchas hormigas, su alimento preferido.

Pita soberbia

En el bosque

Las aves que viven en los bosques suelen ser ruidosas. No obstante, **cuesta verlas entre el follaje**, aunque sean de vivos colores. Hay diversos tipos de bosques y las aves se han adaptado a cada uno de formas distintas.

Esta especie de pájaro carpintero **busca también alimentos en el suelo**, no solo en los árboles.

Carpintero de pechera

El chipe trepador **busca comida** en las ramas y el tronco de los árboles.

En los bosques templados hay mucha comida. Por eso este pequeño pájaro no se aleja de donde nació.

Corretroncos gorjiblanco

Chipe trepador

Las parejas adultas de este pájaro **colocan insectos** alrededor de la entrada de su nido para que no entren las ardillas.

Trepador pechiblanco

Trepador cariblanco

Bosque templado

Los bosques templados crecen en zonas de clima moderado. Muchas de las aves que viven en ellos migran al sur en invierno, cuando hace más frío.

Este mochuelo, pequeño y crepuscular, es un **depredador voraz de pajarillos**.

Mochuelo

El trepador azul busca comida en **las ramas cubiertas de líquenes**.

Bosque boreal

Los bosques boreales cubren las **frías zonas septentrionales del mundo**, cerca del Ártico. En ellos viven muchas aves, entre ellas las limícolas en época de cría.

Reinita de Connecticut

Trepador de garganta castaña

Esta tímida ave cantora busca comida en el suelo, entre la **vegetación**.

Este pájaro se ha identificado como una **nueva especie hace poco tiempo**.

53

La combinación de blanco y negro del **pingüino se conoce como contracoloración.** Hace que, cuando está nadando, cueste verlo desde el aire y también desde debajo del mar. Así se esconde de los depredadores y puede sorprender a sus presas.

En el hielo

La Antártida es el lugar más frío de la Tierra, pero la fauna que vive en este continente gélido se ha **adaptado a sus duras condiciones**. El pingüino barbijo es una de las aves que han logrado salir adelante en este clima extremo.

Nidos

Cada especie de pingüino hace un nido distinto. El pingüino barbijo construye un nido muy sencillo **apilando un montón de piedras**.

Los machos y las hembras del pingüino barbijo **se turnan para incubar** dos huevos.

Se ha dado el caso de que dos machos se junten e **intenten criar a los polluelos**.

Todos los días, el pingüino barbijo nada hasta
80 km mar adentro para capturar peces.

Cambio climático

La Tierra se ha ido calentando desde el siglo XIX debido a la actividad humana. Esto ha provocado cambios en el clima del mundo, incluida la Antártida. **Grandes superficies de hielo se derriten**, lo que reduce las áreas en las que los pingüinos pueden anidar.

Sobrevivir en el frío

El pingüino barbijo tiene una gruesa capa impermeable y otra de grasa que lo mantienen caliente y seco. También dispone de unos **vasos sanguíneos especiales** en las alas y las patas que les ayudan a conservar el calor corporal.

Polluelos

Los polluelos del pingüino barbijo pasan alrededor de un mes en el nido. Luego se unen a otras crías formando un manada.

Los polluelos son **rechonchos y mullidos**, lo que les ayuda a conservar el calor.

A los dos meses, pierden el plumón y les **salen plumas de adulto**. Ya están listos para zambullirse en el mar.

55

Frailecillo coletudo

Estos frailecillos cavan su propia madriguera o utilizan los agujeros naturales de los acantilados rocosos.

Este depredador suele pasearse en busca de **madrigueras**.

Aguilucho caricalvo

Depredadores

Los pájaros no siempre están a salvo bajo tierra. Algunos depredadores pequeños, como serpientes y comadrejas, asaltan las **madrigueras** para comerse los huevos o los polluelos.

Bajo tierra

Ningún pájaro pasa la vida bajo tierra, pero **algunas especies anidan en el subsuelo**. Algunos excavan su propia casa, mientras que otros aprovechan agujeros naturales o las madrigueras que otros animales han dejado abandonadas.

Lechuza vizcachera

Le gustan los paisajes abiertos, ¡así que a veces se instala en las zonas de hierba de los **aeropuertos**!

¿Por qué anidan en madrigueras?
Las madrigueras son un lugar seguro para las crías, y ofrecen protección frente al frío y los depredadores.

Excavar

Animales como los reptiles y los mamíferos disponen de patas y garras que les son muy útiles para cavar. Las aves, sin embargo, tienen que utilizar el pico y los ples. ¡Para ellas es una tarea ardua!

Abejaruco carmesí del sur

Esta atractiva ave excava **largas madrigueras** en bancos de tierra verticales.

Madriguera prestada

A las aves les cuesta mucho cavar una madriguera y en el proceso se pueden hacer daño. Por eso a veces aprovechan **madrigueras que han abandonado otras criaturas**.

Carbonito de Sophie

Esta ave a veces cría a sus polluelos en **la madriguera abandonada de algún roedor**.

Dromas

Los polluelos de dromas permanecen en la **seguridad y el confort de su madriguera** hasta que pueden andar.

Madriguera del dromas

El dromas es la única ave limícula que construye madrigueras. **Su madriguera tiene la temperatura ideal para incubar los huevos**, así que los padres pueden dejarlos allí e ir en busca de comida.

Caranca

La caranca **solo come kelp**, que es un tipo de alga marina.

Charrán menudo

Las costas son **zonas de nidificación** muy importantes para las colonias de este pequeño charrán.

Área vital

Estos hábitats constituyen una **fuente esencial de alimentos y de zonas para anidar** para un gran número de aves costeras.

En la costa

Garceta de arrecife

Esta garza a veces **mete los dedos** en el agua de la orilla para atraer a los peces.

Las costas pueden ser lugares muy concurridos, con muchos tipos de aves que aprovechan la **abundancia de alimentos**. Algunos pájaros se desplazan caminando por el agua o se zambullen en busca de comida, mientras que otros rebuscan en la arena y entre las rocas.

El chorlitejo del Caspio suele **anidar en prados secos** a muchos kilómetros del litoral, donde se alimenta.

La hembra del bisbita costero construye su nido con **algas y hierbas**.

Bisbita costero

Chorlitejo del Caspio

El frailecillo anida en las playas de Norteamérica, y la actividad humana **suele molestarlo**.

Frailecillo silbador

Costas en peligro

Nuestro planeta cuenta con miles de kilómetros de costa. Por desgracia para las aves, **muchos hábitats costeros están contaminados o han sido destruidos**.

Las aves zancudas emplean su largo pico para buscar gambas y cangrejos enterrados.

Estas avocetas, aunque son aves zancudas, tienen los pies parcialmente **palmeados** y son buenas nadadoras.

Avocetas americanas

Zarapito americano

Los machos del zarapito americano son más pequeños que las hembras y normalmente pasan más tiempo cuidando de los polluelos.

Chorlitejo piquituerto

El chorlito piquituerto usa su singular pico, que se **dobla hacia la derecha**, para sacar las presas de debajo de las piedras.

¿Qué comer?

Una playa en buen estado contiene millones de crustáceos, criaturas parecidas a gusanos y otros invertebrados. Son una fuente abundante de alimento para las aves.

En el desierto

Algunas aves se han adaptado a **vivir lejos del agua** y bajo el intenso calor. La ganga coronada es una de las especies que han aprendido a vivir en las condiciones extremas del desierto.

Esta ganga **evita las zonas con muchas plantas** porque pueden esconder depredadores.

Hay **16 especies de gangas**, pero solo la ganga coronada vive en estos duros hábitats desérticos.

La familia de las gangas

No se tiene certeza de qué aves son los parientes más cercanos a las gangas. Se las ha incluido con los gallos, las palomas o las limícolas. Hoy parece más claro que no son limícolas y que están en un gran grupo llamado «metaves», que incluye a somormujos, flamencos, palomas y mesites. Las gangas estarían más cerca de palomas y mesites.

Las gangas coronadas son difíciles
de ver porque su plumaje se mimetiza
con el paisaje arenoso del desierto.

Durante el día

Bajo el sol abrasador del desierto,
la ganga **busca semillas**. Pueden
agruparse en bandadas de hasta
100 pájaros.

Las plumas del vientre del
macho de la ganga se han
adaptado para absorber
y retener el agua.

Agua para los polluelos

Cuando visitan una charca, el macho de
la ganga absorbe agua con las plumas del
vientre. Luego vuela hasta donde están los
polluelos, que sorben el agua de las plumas.

Las casas de pájaros son fantásticas para las aves urbanas. A las especies en declive, como la golondrina purpúrea, incluso les ayudan a recuperarse.

Golondrina purpúrea

Hogares urbanos

Hay lugares parecidos al hábitat natural de las aves. Un **techo plano de gravilla es como la costa** para una gaviota, y un rascacielos, como un acantilado para el halcón peregrino.

En la ciudad

Aunque las ciudades están llenas de gente, las **aves también se han adaptado a vivir en ellas**. Se instalan en zonas dispersas de bosques, lagos, ríos, parques, prados e incluso en edificios.

Esta ave zancuda **anida sobre los tejados planos** en ciudades como El Cairo (Egipto).

Alcaraván senegalés

Más fáciles de ver

Suele ser **más fácil acercarse** a las aves que viven en los pueblos y las ciudades, acostumbradas a vernos. En el campo, los pájaros se muestran más tímidos.

La gallina australiana es muy sociable y parlanchina, pero sus **chillidos** pueden ser bastante molestos para sus vecinos humanos.

Herrerillo bicolor

¡El herrerillo bicolor a veces se posa en los **alféizares** y mira dentro de las casas!

Gallina australiana

¿Sabías que...?

Alrededor del 20 % de las especies de aves pueden vivir en las zonas urbanas. Gracias a la variedad de hábitats de nuestras ciudades, muchas aves encuentran un lugar para vivir entre nosotros.

Rascón andino

El mejor lugar para ver a esta **ave acuática en riesgo de extinción** son las zonas pantanosas de Bogotá (Colombia).

Los prismáticos son una gran herramienta para observar a las aves. Nos permiten verlas con mucho más detalle.

LAS AVES Y TÚ

Las aves son unas criaturas maravillosas que enriquecen nuestras vidas. Están por todas partes y son fáciles de ver.

Las aves han estado presentes en nuestra historia, nuestra cultura y nuestro folclore desde el principio de la humanidad. Nos han cautivado con su plumaje, sus cantos y su habilidad para volar. Sin embargo, nuestra relación con ellas no siempre ha sido buena, ya que por nuestra culpa muchas especies se han extinguido. Ahora más que nunca, es importante que las conozcamos mejor y las protejamos.

Las aves y nosotros

Las aves **simbolizan la libertad**, pero siempre hemos querido controlarlas y domesticarlas. En todo el mundo, las personas han encontrado formas de usarlas en beneficio propio.

Gallo salvaje rojo

Aves domésticas

Llevamos **miles de años** domesticando a las aves. Algunas, como las gallinas, se crían como fuente de alimento. Otras son mascotas apreciadas por sus trinos o su capacidad de imitarnos. Y otras, como los pavos reales, se pasean como objetos ornamentales.

Las gallinas son aves muy listas y tienen buena memoria.

Gallo doméstico

El gallo salvaje rojo, originario de Asia, es el **antepasado del gallo doméstico**.

Aves trabajadoras

Hemos hecho trabajar a las aves de distintas formas: llevando mensajes, pescando e incluso para controlar el número de ejemplares de otras especies.

Las águilas de Harris se usan para **ahuyentar a las palomas** de las pistas de los aeropuertos y del centro de las ciudades.

Águila de Harris

En tiempos de guerra, las palomas se han usado para **llevar mensajes** sobrevolando las líneas enemigas.

Paloma mensajera

Cormorán japonés

Los humanos han usado los cormoranes para **pescar** durante siglos.

Mascotas

En algunos casos, las aves nos acompañan como mascotas, desde canarios y pinzones a loros y búhos. Suelen pasar toda su vida en jaulas o aviarios.

Los loros son muy apreciados como mascotas por su plumaje de vivos colores y porque son capaces de **repetir lo que decimos**.

Loro gris africano

Aves polinizadoras

Algunas aves beben y ayudan a diseminar el polen de las flores, que luego las plantas utilizan para producir nuevas semillas. Los animales que **diseminan el polen se llaman polinizadores**.

Rosella del norte

Colibrí noble

Los colibrís pueden beber una cantidad de **néctar equivalente a su peso** en un solo día.

Dispersión de semillas

Muchas aves comen frutos que contienen semillas. Las semillas **viajan por su aparato digestivo** y acaban en sus heces. Esas semillas pueden transformarse en nuevas plantas, como flores y árboles.

Colibrí de garganta roja

Limpiadoras

Algunas aves son carroñeras, es decir, comen animales muertos. Ayudan a mantener limpio el ecosistema, ya que al comer los cadáveres evitan la propagación de enfermedades.

Buitre cabeciblanco

Los buitres son carroñeros que usan su **aguda visión** para localizar animales muertos desde el aire.

Las aves y el planeta

Control de plagas

Las aves que comen insectos ayudan a mantener las plagas bajo control. **Sin ellas, los insectos podrían llegar a destruir los campos de cultivo.**

Abejaruco
gorgiblanco

Buenas para el arrecife

Las aves marinas sobrevuelan los océanos y las costas y dejan caer excrementos. Las **heces contienen nitrógeno**, que las algas del océano necesitan para crecer. Los peces de los arrecifes que se alimentan de algas y tienen aves marinas cerca crecen más que los que viven en los arrecifes donde no habitan este tipo de pájaros.

Piquero
patirrojo

Trabajo en equipo

Algunos animales se ayudan entre sí. Esta colaboración se conoce como **relación simbiótica**. Las aves indicadoras muestran a los tejones de la miel dónde viven las abejas. Luego los tejones se comen la miel de las abejas y los pájaros se zampan las abejas muertas.

Indicador
grande

Las aves interactúan con las plantas y con otros animales de muchas formas. Sin ellas, el planeta sería sin duda un lugar muy distinto.

Aves en peligro

Las actividades humanas afectan mucho a las aves y causan la desaparición de sus hábitats. Muchas especies precisan ayuda urgente para no acabar extinguiéndose para siempre.

Correlimos
cuchareta

Correlimos criados en cautividad se han **dejado en libertad** para incrementar el número de ejemplares de esta ave limícola en peligro de extinción.

Con la prohibición de cazar este pequeño pájaro, la cantidad de ejemplares ha vuelto a aumentar.

Escribano
aureolado

Conservación

Son muchas las personas que tratan de proteger a las aves. Una de las formas de hacerlo es **creando reservas naturales**. Otra es evitando la caza de las especies amenazadas.

Este hermoso loro, extinto en estado salvaje, ya solo existe en cautividad.

Guacamayo de Spix

Pingüino emperador

El hábitat antártico del pingüino emperador se está derritiendo poco a poco a causa del **cambio climático**.

Amenazados

Muchas especies de pájaros están en peligro de extinción por culpa de la destrucción de sus hábitats, el cambio climático, el comercio ilegal de aves salvajes o la caza excesiva e ilegal. Los seres humanos deben modificar su relación con el mundo natural para que estos pájaros puedan sobrevivir.

Solo quedan unos 300 estorninos de Bali en libertad. Muchos de ellos son capturados de forma ilegal y vendidos como mascotas.

Estornino de Bali

Tórtola europea

Los cazadores disparan a esta ave **cuando migra** y está en peligro de extinción.

71

Ayudar a las aves

Puedes ayudar a las aves de tu barrio. Proporciónales alimento y un lugar seguro donde anidar. Además de ser bueno para ellas, tendrás la oportunidad de observar de cerca todos los días a estas hermosas criaturas.

Si pones distintos tipos de alimentos, atraerás a una mayor **variedad de aves**.

Las casas para pájaros son geniales para las especies que **anidan en agujeros**.

Los frutos secos y las semillas atraen a los semillívoros, mientras que las piñas **rellenas de sebo** tientan a los insectívoros.

UNA CASA PARA PÁJAROS

Pide a un adulto que te ayude a hacer una casa para pájaros. Tiene que ser impermeable y es importante que uses colores y materiales naturales. La entrada no debe mirar al sol, ya que los pájaros podrían sobrecalentarse.

HAZ UN COMEDERO

Puedes hacerlo con un brik vacío de leche o zumo. Haz unos agujeros en los laterales y llénalo de **semillas, frutos secos, gusanos de la harina o sebo**. ¡Cuélgalo en un lugar alto, donde los gatos no puedan alcanzar a los pájaros mientras estén comiendo!

A los colibrís les gusta el agua azucarada. Para prepararla, mezcla cuatro vasos de agua con uno de azúcar.

Para estar sanos, los pájaros tienen que **beber y bañarse**.

Hay muchos adhesivos que evitan que las **aves choquen contra el cristal**. Entre las más populares están las que tienen forma de bandas, de cuadrados o de aves de presa. Estas últimas, aunque muy estéticas, son mucho menos efectivas que las primeras.

HAZ UN BEBEDERO

Coloca sobre unos ladrillos un plato llano (de no más de 2,5 cm de hondo) o la tapa de un cubo de basura puesta boca arriba. Pon tu bebedero en un lugar despejado para que los pájaros puedan ver si se acerca algún enemigo. Límpialo y rellénalo con regularidad.

NO MÁS CHOQUES

Todos los años mueren millones de pájaros al chocar contra las ventanas. Puedes evitarlo colocando unas pegatinas, que eliminan el reflejo del cristal y así las aves no tratan de cruzarlo volando.

Observar las aves

Las aves están por todas partes. Si prestas atención, verás muchas especies en tu propio barrio. En las zonas urbanas son fáciles de ver, ya que están acostumbradas a las personas. Mira por la ventana. ¿Qué pájaros ves?

Avión común

En Europa, el norte de África y el norte de Asia, el avión común a veces anida **bajo los aleros de los tejados**.

Un rincón en el barrio

Busca un espacio verde en tu barrio y conviértelo en tu rincón de observación. Ve allí a menudo, a diferentes horas del día y, con el tiempo, **descubrirás las aves** que se alimentan y anidan en la zona.

Localiza el estanque, lago, río o canal más cercano y observa qué aves acuáticas viven en él.

Este halcón suele **posarse sobre las cornisas de los edificios altos**. Se encuentra en países de todo el mundo.

Halcón peregrino

Pese a sus vivos colores, las aves percheras rojizas o rosadas son **difíciles de ver** entre las ramas marrones de los árboles. No tengas prisa y observa con atención.

En Asia oriental, suelen verse carboneros variados en los **arbustos** de parques y jardines.

Carbonero variado

Haz fotografías

Las fotos son fantásticas para **catalogar las aves**. Haz las fotos con el móvil o con una cámara. ¡No tardarás en lograr la foto perfecta!

Mientras observas las aves, descubrirás muchas cosas **fascinantes** de sus hábitos y su comportamiento.

Ser un buen observador

¡No te costará empezar tu nueva aventura como observador de aves! Llévate unos prismáticos para observarlas desde lejos sin molestarlas. Con el móvil y una libreta podrás llevar un registro de tus descubrimientos. Una guía de campo, en papel o en tu móvil, te ayudará a identificarlos.

Prismáticos

Libreta y bolígrafo

Chubasquero y calzado resistente

Teléfono móvil

Aves nacionales

Muchos países tienen un ave que los representa. Puede ser un pájaro importante en su folclore, o quizá uno que indica el entorno propio del país. Puede ser un ave rara que solo se encuentra en aquel lugar, o simplemente una especie local especialmente apreciada en el país. A continuación encontrarás las aves que se han convertido en símbolos de algunos países.

(N. O.) = no oficial

Afganistán Águila real
Alemania Águila real (N. O.)
Andorra Quebrantahuesos (N. O.)
Angola Turaco crestirrojo
Anguila (R. U.) Tórtola zenaida
Antigua y Barbuda Fragata común
Arabia Saudí Halcón sacre
Argentina Hornero común
Aruba (Países Bajos) Perico cara sucia
Australia Emú (N. O.)
Austria Golondrina común
Bahamas Flamenco del Caribe
Bahréin Bulbul cariblanco
Bangladés Shama oriental
Bélgica Cernícalo vulgar
Belice Tucán pico iris

Bermudas (R. U.) Fardela de Bermudas
Bolivia Cóndor andino
Bonaire (Países Bajos) Flamenco del Caribe
Botsuana Avutarda kori
Brasil Zorzal colorado
Bután Cuervo grande
Canadá Arrendajo canadiense (N. O.)
Chile Cóndor andino
China Grulla de coronilla roja (N. O.)
Colombia Cóndor andino
Corea del Norte Azor común
Corea del Sur Urraca oriental (N. O.)
Costa Rica Zorzal pardo
Cuba Trogón tocororo
Dinamarca Cisne mudo

Dominica Amazona imperial
Ecuador Cóndor andino
El Salvador Momoto cejiazul
Emiratos Árabes Unidos Halcón peregrino
España Águila imperial ibérica (N. O.)
Estados Unidos de América Águila calva
Estonia Golondrina común
Filipinas Águila filipina
Finlandia Cisne cantor (N. O.)
Francia Gala dorada (gallina doméstica) (N. O.)
Granada Paloma montaraz de Granada
Guatemala Quetzal guatemalteco
Guayana Hoacín

Haití Trogón de la Española

India Pavo real común

Indonesia Águila azor de Java

Iraq Perdiz chucar

Isla Santa Elena (R.U.) Chorlito de Santa Elena

Islandia Halcón gerifalte

Islas Caimán (R.U.) Amazona cubana

Islas Marianas del Norte (EE. UU.) Tilopo de las Marianas

Islas Turcas y Caicos (R.U.) Pelícano pardo

Islas Vírgenes Británicas (R.U.) Huilota común

Islas Vírgenes de los Estados Unidos (EE.UU.) Platanero

Israel Abubilla

Italia Gorrión italiano (N.O.)

Jamaica Colibrí portacintas piquirrojo

Japón Faisán verde

Jordania Camachuelo del Sinaí

Kenia Carraca lila (N.O.)

Letonia Lavandera blanca

Liberia Bulbul naranjero

Lituania Cigüeña blanca

Luxemburgo Reyezuelo sencillo

Malasia Cálao rinoceronte

Malta Roquero solitario

México Caracara norteño

Mongolia Halcón sacre

Montserrat (R.U.) Turpial de Montserrat

Myanmar/Birmania Espolonero chinquis (N.O.)

Namibia Pigargo vocinglero

Nepal Monal colirrojo

Nicaragua Momoto cejiazul

Nigeria Grulla coronada cuellinegra

Noruega Mirlo acuático europeo

Nueva Zelanda Kiwi marrón de la Isla Norte (N.O.)

Países Bajos Aguja colinegra

Pakistán Perdiz chucar

Palaos Tilopo de las Palau

Palestina Suimanga palestino (N.O.)

Panamá Arpía mayor

Papúa Nueva Guinea Ave del paraíso raggiana

Paraguay Pájaro campana

Perú Gallito de las rocas peruano

Polonia Pigargo europeo

Puerto Rico (EE.UU.) Cigua puertorriqueña (N.O.)

Qatar Halcón sacre

Reino Unido

  Escocia Águila real (N.O.)

  Inglaterra Petirrojo europeo (N.O.)

  Irlanda del Norte Avefría europea (N.O.)

  Gales Milano real (N.O.)

República Dominicana Cigua palmera

Rumanía Pelícano común (N.O.)

Samoa Paloma manumea

San Cristóbal y Nieves Pelícano pardo

San Vicente y las Granadinas Amazona de San Vicente

Santa Lucía Amazona de Santa Lucía

Seychelles Loro negro de Seychelles

Singapur Suimanga siparaja (N.O.)

Sri Lanka Gallo de Ceilán

Sudáfrica Grulla del paraíso

Sudán del Sur Pigargo vocinglero

Suecia Mirlo común (N.O.)

Surinam Bienteveo chico

Tailandia Faisán siamés

Trinidad y Tobago

  Tobago Chachalaca culirroja

  Trinidad Ibis escarlata

Turquía Zorzal alirrojo

Uganda Grulla coronada cuelligris

Venezuela Turpial venezolano

Zambia Pigargo vocinglero

Zimbabue Pigargo vocinglero

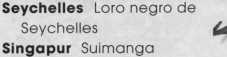
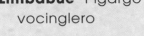

Glosario

ADAPTARSE
La manera en que un ser vivo cambia con el tiempo para sobrevivir mejor en su entorno.

AMENAZADA
Cuando una especie animal o vegetal corre peligro de extinguirse.

CAMUFLAJE
Color o estampado en la piel, pelaje o plumas de un animal que le ayudan a mimetizarse con el entorno.

CARNÍVORO
Animal que come carne.

CARROÑERO
Animal que se alimenta de los restos de animales muertos.

CONSERVACIÓN
Protección del entorno y la vida salvaje.

CREPUSCULAR
Activo durante el crepúsculo.

DEFORESTACIÓN
Tala masiva de árboles y destrucción de los bosques.

DEPREDADOR
Animal que caza otros animales vivos para alimentarse.

DOMESTICADOS
Animales tratados como mascotas o criados en granjas.

ESPECIES
Tipos específicos de animales o plantas que comparten rasgos y pueden reproducirse entre ellos.

EVOLUCIONAR
Forma en que los seres vivos cambian y se adaptan para sobrevivir con el paso del tiempo.

EXTINTA
Especie vegetal o animal que no tiene miembros vivos.

FORRAJEO
Cuando un animal busca su alimento.

HÁBITAT
Zona en la que vive una planta o animal.

INCUBAR
Mantener los huevos calientes hasta que eclosionan.

INVERTEBRADO
Animal que no tiene columna vertebral, como un insecto o un crustáceo.

MIGRACIÓN
Desplazamiento estacional o periódico a una región distinta por parte de los animales.

MUDA
Cuando un pájaro pierde las plumas y le salen otras nuevas.

NATIVA
Especie que siempre ha vivido en una zona.

NOCTURNO
Activo por la noche.

OMNÍVORO
Animal que come tanto plantas como carne.

PÁJARO
Animal de sangre caliente con columna vertebral, pico y plumas.

PICO
Mandíbula de un pájaro.

PLUMAJE
Conjunto de plumas de un pájaro.

PLUMÓN
Capa de plumas suaves y mullidas que proporciona un buen aislamiento.

POLEN
Polvos generados por las plantas con flores.

PRESA
Animal que es cazado por otro para alimentarse.

SIMBIÓTICO
Tipo de relación en la que distintos seres vivos se benefician y se ayudan entre sí.

TERRITORIO
Zona que un animal considera suya y que defiende de los demás.

URBANA
Zona construida, como una ciudad o un pueblo grande.

Índice

Agradecimientos

Los editores quieren agradecer su asistencia a las siguientes personas: Caroline Twomey por la corrección de pruebas; Helen Peters por el índice; Neeraj Bhatia y Jagtar Singh por el trabajo con las imágenes; y Sakshi Saluja por la documentación iconográfica.

CRÉDITOS DE LAS IMÁGENES

Los editores agradecen a los siguientes su permiso para reproducir sus fotografías: (Clave: a: arriba; b: bajo, debajo; c: centro; e: extremo; i: izquierda; d: derecha; s: superior)

1 Dreamstime.com: Designprintck (fondo). 2-3 Dreamstime.com: Designprintck (fondo). 4-5 Dreamstime.com: Martin Pelanek. 5 Dreamstime.com: Designprintck (fondo). 6 Dorling Kindersley: Peter Minister (cib). Dreamstime.com: Chernetskaya (bi). 7 Dorling Kindersley: Jerry Young (bc). Dreamstime.com: Atman (sc); Jessamine (sd); Svetlana Foote (bi). 8 Getty Images: 500px Prime / Johnny Kääpä. 9 Alamy Stock Photo: AGAMI Photo Agency / Dubi Shapiro (ci); blickwinkel / Woike (s); AGAMI Photo Agency / Karel Mauer (cb); All Canada Photos / Tim Zurowski (ecdb). Depositphotos Inc: DennisJacobsen (si). Dorling Kindersley: Bill Schmoker (cib). Dreamstime.com: Designprintck (fondo); Kinnon / Woravit Vijitpanya (bi). Getty Images: 500Px Plus / Kári Kolbeinsson (sc/alcatraz); Corbis Documentary / Arthur Morris (cd). Getty Images / iStock: E+ / Andyworks (c); OldFulica (cb/cóndor). naturepl.com: 2020VISION / Andy Rouse (cdb). Shutterstock.com: WesselDP (sd). 10 Alamy Stock Photo: Minden Pictures / Gerry Ellis (bc). Dreamstime.com: Altaoosthuizen (cia); Rainer Lesniewski (s); Nickolay Stanev (bi). 11 123RF.com: Eric Isselee (cd). Alamy Stock Photo: blickwinkel / K. Wothe (sd, sd/huevos); FLPA (bd). Dreamstime.com: Necati Bahadir Bermek (cib); Douglas Olivares (si); Andrey Eremin (bc); Isselee (ci). Shutterstock.com: Rob Jansen (cia). SuperStock: NHPA (cda). 12-13 Dreamstime.com: Designprintck (fondo). 13 Alamy Stock Photo: manjeet & yograj jadeja (s); Nature Picture Library / Hanne & Jens Eriksen (cib); Minden Pictures / Flip de Nooyer (bi). Dreamstime.com: Víctor Suárez Naranjo (c). Getty Images: Design Pics / Its About Light (cdb). 14 123RF.com: ajt / Andrzej Tokarski (bc, cib). Dorling Kindersley: E. J. Peiker (morena x2). Dreamstime.com: Eng101 (ci); Dan Rieck (c); Tom Meaker (bi). 15 Dreamstime.com: Designprintck (fondo). 16 Alamy Stock Photo: robertharding / Michael Nolan (c). Dreamstime.com: Joan Egert (cb); Igor Stramyk (ci); Javier Alonso Huerta (cdb). 16-17 Dreamstime.com: Designprintck (b/fondo). 17 Dreamstime.com: Sergey Korotkov (c); Julienne Spiteri (cb); Tarpan (ca); Sederi (cdá). FLPA: (cd). 18-19 Dreamstime.com: Yongkiet. 19 Dreamstime.com: Designprintck (fondo). 20 Alamy Stock Photo: All Canada Photos / Glenn Bartley (bd); Krystyna Szulecka (cia). Dorling Kindersley: Will Heap / Peter Warren (cib). Dreamstime.com: Jan Martin Will (cd). 20-21 Dreamstime.com: Designprintck (fondo). 21 Alamy Stock Photo: imageBROKER / Erhard Nerger (ci); simon margetson travel (ci); imageBROKER / Wilfried Wirth (cdb); Nature Picture Library / Tui De Roy (cb/kiwi). Depositphotos Inc: imagebrokermicrostock (bc). Dorling Kindersley: Cecil Williamson Collection (cb); Natural History Museum, Londres (cd). Dreamstime.com: Steveheap (c/rocas). 22 Alamy Stock Photo: All Canada Photos / Ron Erwin (cd); Bill Gozansky (cib); Nature Photographers Ltd / Brian E Small (cdb). Dorling Kindersley: Barrie Watts (hierba). Dreamstime.com: Vasiliy Vishnevskiy. 22-23 Dreamstime.com: Designprintck (b/fondo). 23 Alamy Stock Photo: Ernie Janes (c). Dreamstime.com: Ahkenahmed (si); Dewins (hojas de palma); Mikelane45 (ci); Anne Coatesy (cib); Wrangel (cdb). 24 123RF.com: julinzy (sd). Alamy Stock Photo: CTK (cb); Dave Watts (bd/perico). Dreamstime.com: Chernetskaya (bd); Vaclav Matous (cib). 24-25 Dreamstime.com: Dewins (cs). 25 123RF.com: lightwise (fondo de selva); rodho (bi); Dmitry Pichugin (sd). Alamy Stock Photo: blickwinkel / McPHOTO / DIZ (cb); imageBROKER / GTW (bi/periquito). Dorling Kindersley: Mona Dennis (c). Dreamstime.com: Dewins (cda); Taweesak Sriwannawit (bc). Getty Images / iStock: nmulconray (ci). 26 Alamy Stock Photo: blickwinkel / McPHOTO / PUM (cd); Estan Cabigas (cia).

Dorling Kindersley: The National Birds of Prey Centre (bd). 27 Alamy Stock Photo: Biosphoto / Saviero Gatto (bi). Dreamstime.com: Altaoosthuizen (cia). Getty Images / iStock: Jens_Lambert_Photography (cdb). 28 Dorling Kindersley: Jerry Young (ci); Peter Anderson (cib). Dreamstime.com: Alfotokunst (cd); Martin Pelanek (ci); Fischer0182 (cib/pala); Mikelane45 (bc); Mexrix (mar); Charles Brutlag (ca). 29 Dorling Kindersley: Jerry Young (bd). Dreamstime.com: Dule964 (hojas de otoño); Howiewu (sc); Viter8 (ci); Paul Reeves (bc). Fotolia: Yong Hian Lim (cd/palmeras). 30 123RF.com: Aleksey Poprugin (bolsa de plástico azul). Dreamstime.com: Costasz (botella azul); Vladvitek (cia); Melonstone (cda); Dalia Kvedaraite (sd); Alfio Scisetti (botellas verdes x2); Lemusique (bolsa de plástico); Gamjai / Penchan Pumila (tapón de botella amarillo). Getty Images / iStock: mzphoto11 (bc). 31 Alamy Stock Photo: FLPA (bd). Getty Images / iStock: Gerald Corsi (si); mauribo (sc). 32 123RF.com: Thawat Tanhai (si). Depositphotos Inc: mikelane45 (cdb). Dorling Kindersley: E. J. Peiker (cib). Dreamstime.com: Sandi Cullifer (bd); Brian Kushner (cd); Paddyman2013 (bd). 33 Dorling Kindersley: Mike Lane (cb). Dreamstime.com: Eng101 (sd); Farinoza (cda); Petar Kremenarov (ca). naturepl.com: Daniel Heuclin (cdb). 34-35 Getty Images: AFP / Menahem Kahana. 35 Dreamstime.com: Atman (b); Designprintck (fondo); Vasyl Helevachuk (bd). 36 Alamy Stock Photo: FLPA (si). Dreamstime.com: Charles Brutlag (cd); Imogen Warren (sc); Keithpritchard (sd); Kaido Rummel (ci); Volodymyr Kucherenko (bd). 37 Dreamstime.com: Agami Photo Agency (cib); Mikalay Varabey (si); Hernani Jr Canete (ca); Ken Griffiths (sd); Ruhuntn (ci); Vasyl Helevachuk (bd). 38-39 Shutterstock.com: simibonay. 39 Alamy Stock Photo: Alessandro Mancini (bc). Dorling Kindersley: Markus Varesvuo (cd). Dreamstime.com: Volodymyr Byrdyak (cda); Iakov Filimonov (bd). 40 Dorling Kindersley: Peter Anderson (piedras). Dreamstime.com: Agami Photo Agency (cdb). 41 Alamy Stock Photo: imageBROKER / Wilfried Wirth (helecho espada occidental). Dreamstime.com: Frankjoe1815 (cdb); Brian Lasenby (i). 42 123RF.com: Dennis Jacobsen (cdb). Dreamstime.com: Dennis Jacobsen (cia); Prin Pattawaro (cda). 42-43 Dreamstime.com: Ruslanchik / Ruslan Nassyrov (fondo). 43 Dorling Kindersley: NASA (sd). Dreamstime.com: Paul Reeves (bc); Harold Stiver (cd). 44 Dreamstime.com: Hellmann1 (bi); Isselee (bd). Getty Images: Tier Und Naturfotografie J und C Sohns (si). naturepl.com: Alex Mustard (cd). 45 Alamy Stock Photo: Minden Pictures / Jim Brandenburg (si). Dreamstime.com: Linnette Engler (cda); Mikelane45 (cd, bc); Slowmotiongli (cdb). 46 Alamy Stock Photo: Auscape International Pty Ltd / Robert McLean (bi); Biosphoto / Mario Cea Sánchez (cb). 46-47 123RF.com: citadelle (cb). 47 Dorling Kindersley: NASA (sd). Dreamstime.com: Per Grunditz (sd); Zeytun Images (cib/cárabo). Getty Images / iStock: A-Digit (sc); MikeLane45 (ca); Thipwan (bd). 48-49 Dreamstime.com: Davide Guidolin. 50-51 Shutterstock.com: Wang LiQiang. 51 Dreamstime.com: Designprintck (fondo). 52 Alamy Stock Photo: Nature Picture Library / Konrad Wothe (sc); Nature Picture Library / Luiz Claudio Marigo (cia). Dreamstime.com: Cowboy54 (cda); Jocrebbin (sd); Feathercollector (cb); Afonso Farias (cib). 53 Alamy Stock Photo: FLPA (cb). Dreamstime.com: Agami Photo Agency (si); Imogen Warren (sc); Llmckinne (sd); Rinus Baak (ca); Brian Kushner (bc); Simonas Minkevičius (bd). Shutterstock.com: Agami Photo Agency (cia); MTKhaled mahmud (bi). 54 Dreamstime.com: Richard Lindie (bc); Graeme Snow (bd). 54-55 Dreamstime.com: Designprintck (fondo). Getty Images: Stone / Rosemary Calvert. 55 Alamy Stock Photo: China Span / Keren Su (bd). Getty Images / iStock: Carlos-B (bi). 56 Alamy Stock Photo: All Canada Photos / Roberta Olenick (bc). Dorling Kindersley: Gary Ombler (cd). Dreamstime.com: Rinus Baak (si); Ian Dyball (sd); Ihor Smishko (fondo de arena). 57 Dreamstime.com: Designprintck (fondo); Martin Pelanek (s); Mathilde Receveur (bi). naturepl.com: Michael Pitts (b). Shutterstock.com: Agami Photo Agency (c). 58 Alamy Stock Photo: Minden Pictures / Buiten-beeld / Otto Plantema (bd). Dorling Kindersley: Stephen Oliver (cib, cib/guijarros). Dreamstime.com: Sue Feldberg (sd); Ihor Smishko (fondo de arena); Ondřej Prosický (si); Waldemar Knight (ci); Maciej Olszewski (bi). 58-59 Dreamstime.com: Ruslanchik / Ruslan Nassyrov (fondo). 59 Dreamstime.com: Steve Byland (s); Imogen Warren (cib); Brian Lasenby (cd). Getty Images / iStock: Harry Collins (sc). 60 Dreamstime.com: Agami Photo Agency (bd). naturepl.

com: Hanne & Jens Eriksen (bi). 60-61 Dreamstime.com: Agami Photo Agency (c). 61 Alamy Stock Photo: Minden Pictures / BIA / Mathias Schaef. naturepl.com: Hanne & Jens Eriksen (cb). 62 123RF.com: agamiphoto (ca). Dreamstime.com: Dennis Jacobsen (bi). 63 Dreamstime.com: Agami Photo Agency (b); Henry Soesanto (cda); Charles Brutlag (cia). 64-65 Getty Images: Mint Images RF - Oliver Edwards. 65 Dreamstime.com: Designprintck (fondo); Michael Truchon (b). 66 Dreamstime.com: Sergei Razvodovskij (i). 66-67 Dreamstime.com: Designprintck (fondo). 67 Dorling Kindersley: National Birds of Prey Centre, Gloucestershire (b). 68 Alamy Stock Photo: All Canada Photos / Glenn Bartley (sd); Minden Pictures / BIA / Jan Wegener (si). Dreamstime.com: Steve Byland (cd); Isselee (bi). 69 Alamy Stock Photo: All Canada Photos / Jared Hobbs (cia); Design Pics Inc / David Pontón (c); Dave Keightley (bd). Getty Images / iStock: Angelika (c). 70 123RF.com: Thawat Tanhai (c). Dreamstime.com: Chamnan Phanthong (cda). 71 Dreamstime.com: Gentoomultimedia (cda); Yezhenliang (sc); Aris Triyono (b). 72 Dorling Kindersley: Natural History Museum, Londres (cib, cb). Dreamstime.com: Nfransua (cda); Elena Schweitzer (ca). 74 Dreamstime.com: Marcobarone (c); Stuartan (si). 75 Dreamstime.com: Agami Photo Agency (c, cb); Michael Truchon (ci). 80 Dreamstime.com: Designprintck (fondo).

Imágenes de la cubierta: *Cubierta frontal:* Dorling Kindersley: E. J. Peiker (sd); Dreamstime.com: Assoonas (martín pescador), Astrid228 / Astrid Gast (cda), Atman (s)/ (hoja de castaño x2), Svetlana Foote (arrendajo), Jessamine (cib), Mikelane45 (bi); Fotolia: Eric Isselee (lechuza); Getty Images / iStock: PrinPrince (pájaro amarillo). *Contracubierta:* 123RF.com: Keith Levit (cib); Dorling Kindersley: Jerry Young (cda); Asherita Viajera: (si). *Lomo:* Dreamstime.com: Astrid228 / Astrid Gast (s)/ (carraca india).

Resto de las imágenes: © Dorling Kindersley

Para más información ver: www.dkimages.com

SOBRE LA ILUSTRADORA

Claire McElfatrick es una artista *freelance*. Creó tarjetas de felicitación ilustradas antes de dedicarse a los libros infantiles. Claire ha ilustrado también los otros libros de esta serie: *The Magic and Mystery of Trees, La vida secreta de los insectos* y *La vida secreta de los océanos.*